Christian Anton Römeling

Der bußfertige Beicht-Vater und Seel-Sorger, Aaron, Priester in der grossen Stadt Babel

wie er zur Erkentniss seiner Sünde kommen und dieselbe bereuet

Christian Anton Römeling

Der bußfertige Beicht-Vater und Seel-Sorger, Aaron, Priester in der grossen Stadt Babel

wie er zur Erkentniss seiner Sünde kommen und dieselbe bereuet

ISBN/EAN: 9783348082433

Hergestellt in Europa, USA, Kanada, Australien, Japan

Cover: Foto ©Lupo / pixelio.de

Weitere Bücher finden Sie auf **www.hansebooks.com**

Der bußfertige
Beicht-Vater
und
Seel-Sorger,
Maron,

Priester in der grosen Stadt Babel, Wie er zur Erkenntniß seiner Sünde kommen, und dieselbe bereuet:

Denen verführeten Beicht-kindern zur Warnung, und allen unbußfertigen Predigern zum Exempel vorgestellet, von

C. A. Ein um der Wahrheit willen Vertriebener.

(Nicht zu verkaufen, sondern zu verschenken.)

Ephrata, gedruckt auf Kosten der Liebhaber.
1791.

Galater 1. v. 6. 7. 8.

Mich wundert, daß ihr euch so bald abwenden lasset auf ein ander Evangelium. So doch kein anders ist, ohne daß etliche sind, die euch verwirren, und wollen das Evangelium Christi verkehren. Aber so auch wir, oder ein Engel vom Himmel, euch würde Evangelium predigen, anders, denn das wir euch geprediget haben, der sey verflucht.

2 Joh. v. 10.

So jemand zu euch kommt, und bringet diese Lehre nicht, den nehmet nicht zu Hause, und grüset ihn auch nicht, 2c. 2c.

Vorrede

An den geliebten Leser!

Weil zu unsern letzten trübseligen Zeiten, das Licht der Vernunft, wie auch die Bosheit der Menschen, so hoch gestiegen als jemals, so wird auch der Gottesdienst, der jetzigen sogenannten Christen, mit dem Licht der Vernunft, so hoch getrieben als jemals, also daß viel Predigens und Rühmens gemacht wird, von GOtt und seinem wahren Wesen; doch leider wenig belebt wird: sondern imer einer wider den Andern ist: was einer für ewige Wahrheit ausgibt, das schreiet der Andere für Ketzerey aus. Und weil die Hirten und Lehrer selbst nicht einig sind, und einer ruft: Hier ist Christus! &c. der Andere, da! &c. so sind die arme Schafe irre gemacht, daß sie nicht wissen, was sie glauben

Vorrede.

sollen. Und durch diese Verwirrung beweisen die Lehrer selbst, daß sie Babels= und nicht Christi Diener sind: dann die Glieder Christi sind alle einig, und ist keine Zertrennung und Unordnung unter ihnen: ja es ist nicht nur die Verwirrung unter dem grosen Haufen; sondern sogar in einem jeglichen Babels=Diener, Er widerspricht seiner Lehr durch Leben und Wandel, daß oftmals der enge Kreuz=und Verleugnungs=weg, im höchsten Grad vorgetragen; aber im Leben das Gegentheil erwiesen wird, ja gar Verfolger desselben sind, und wem solte bey solchen verwirrten und betrübten Zeiten nicht bange werden?

Weilen aber doch noch viele Seelen unter dem Gewirr dieser sogenannten Christenheit sind, die es treu u. redlich meynen; aber nicht zurecht kommen können, weil sie unter der Führung (oder wohl Verführung) der Blinden sind, und gerne besser thäten, wann sie besser wüßten, so habe ich oft mit Er=

Vorrede.

barmen müssen ansehen, und seufzen, daß doch GOtt darein sehen wolle, und sich seiner Heerde selbst annehmen, Ez. 34, 11.

Und über dem ist mir dieses kräftige Bekänntniß der Wahrheit, dieses Mitbruders zu Händen kommen, welches mich dann nicht wenig gerühret hat, da ich gesehen, wie er sein Leben gewagt, und öffentlich wider das Reich des Widerchrists aufgetreten, und den Babylonischen Götzendienst verworfen, und dagegen den Grund der wahren evangelischen Lehre behauptet, und ob er auch nicht einen einzigen Menschen gefunden, der ihm hierin wäre beygestanden, so ist ihm doch die Wahrheit beygestanden und hat sich selbst vertheidiget.

Uterdessen sollen wir doch der Wahrheit Gehülfen seyn, und daher bin ich gedrungen worden alle Ehre und Lob der Menschen fahren zu lassen, und es abermal in den Druck zu bringen, zum Nutz der armen und verlassenen Schafen vom Hause Israel. In der Hoff-

Vorrede.

nung, daß einem oder dem Andern die Augen möchten aufgehen, und ihres holden und treuen Hirten Stimme erkennen lernen, und der fremden Stimme nicht mehr folgen; daß sie möchten sehen, daß das wahre Christen Leben, ein ganz anders Leben sey, als das, wo jetzt im Schwange gehet, da der Greuel der Verwüstung aller Orten an der heiligen Stätte stehet, wo man Andern langes und breites vorschwätzet; und mit Leben und Wandel selbst vorbey gehet. Und hat also der Widerchrist, von allem was da seyn soll das Gegentheil an die Stelle gebracht, daß also die ärgste Spötterey, die nur zu erdenken, mit den Geboten Gottes getrieben wird, ja es kommt mir eben vor, was Ciprianus sagt: Der Teufel habe predigen lassen, Taufe und Abendmahl, dem Reich JEsu Christi zuwider.

Wo sind doch nun die Gesandten des HErrn? und wo sind die Zeichen daran man sie kennen kan? Der HErr sprach: Gehet hin, &c. (nicht reitet)

Vorrede.

Und gebot ihnen, daß sie nichts bey sich trügen auf dem Wege, denn allein einen Stab. Keine Tasche, kein Brod, kein Geld im Gürtel, nicht zween Röcke anzögen, Marc. 6, 8. 9. und Kap. 8, 34. Wer mir will nachfolgen, der verleugne sich selbst, nehme sein Kreuz auf sich, &c. Petrus sagt: Wir haben alles verlassen und sind dir nachgefolget, Matt. 19, 27. und dergleichen Zeugnisse hat man genug, von den ersten Christen und der Altväter, daß sie sowohl die Güter von aussen, als sich selbst von innen, verleugneten, und alles für Schaden, Dreck und Koth geachtet, auf daß sie Christum gewinnen möchten, Phil. z, 7. 8. dann sie glaubten dem, was der HErr JEsus sagte, daß niemand zween Herren dienen könne: er wird einen hassen, und den Andern lieben, oder wird einem anhangen, und den andern verachten. Ihr könnet nicht GOtt und dem Mammon (Reichthum) dienen, Matt. 6. 24.

Ach meine theuerst Geliebte! Glau=

Vorrede.

bet nur nicht daß ich dieses aus Vorwitz, oder eiteler Aufgeblasenheit schreibe; sondern mit viel Bedauren, suche auch weder Geld noch Ehre damit zu verdienen; sondern allein die Ehre des HErrn, und den Nutzen der verlassenen und betrübten Kinder Zions, und will die Schmach und Lästerung mein Theil sein lassen. Daß ich aber den Leser nicht zu lang mit meiner Vorrede aufhalte, will ich abkürzen, damit nicht die Vorrede so lang als das Büchlein werde.

Den 1sten August
1 7 9 1.

P. H.

Lieber Leser! Es wird dir allhier auf wenig Blättern, in einem kurzen Begriff ein Bußfertiger Beichtvater und Seelsorger, oder Priester und Prediger vorgestellet. In diesem Spiegel kanst du sehen, wie es mit dir und deinem Beichtvater gehet und stehet, von dem du die Absolution, oder Ablaß der Sünde, Heil, Trost, Leben, Seligkeit, und Ruhe für dein Gewissen und Herz, gekauft und geholet hast.

Siehe! wie dein armer Herr Beichtvater, dein Seelsorger, dein Trostprediger, dein Seligsprecher, dein Glaubens-Lehrer und Leiter, dein Führer zum Himmel, jetzo vor dem Richterstul der Gerechtigkeit Gottes in seinem Herzen vielfältig angeklagt stehet, und sein Urtheil zur ewigen Verdammniß zu erwarten hätte, wo er nicht bey Zeiten Busse gethan hätte.

Darum wird hierdurch zugleich allen Beichtkindern, und Beichtvätern, ja allen andern Religions-verwandten und Protestanten, die in allen Secten ihre Priester haben, ein Bußfertiger Prediger wohlmeynend vorgestellt. Merket wohl:

Es wird hier ein bußfertiger Prediger und Beichtvater, ein allgemeines Bekänntniß seiner Sünden im Namen vieler ablegen, die mit ihm gleiche Sünde begehen und treiben. Und was hier der Eine saget, das kan von allen dergleichen Predigern und Beichtvätern gesagt und verstanden werden, weil sie alle, einer wie der andere, gleiches Sünden-handwerk treiben. N. B. Man muß aber dieses nicht auf andere getreue Lehrer und Prediger deuten, dieselbigen werden hiermit nicht gemeynet.

Nun lieber Leser! nimm wohl in acht und zu Herzen, was dieser arme, trostlose, betrübte Beichtvater saget, und halte dich gegen ihm nicht vor unschuldig: Dann vielleicht hast du auch vielmal zu seinen Sünden Ursache gegeben, und mit deinem grosen Beichtpfenning, ihm seine geizige Bigierde geschärfet, und ihm die Lust zu sündigen angenehmer gemacht, da du ihm, und er dir geheuchelt, und hast deinen Herrn Beichtvater, mit deiner falschen Beicht und falschen Busse, gleichsam für einen Akzis-und Zoll-einnehmer gehalten, welchem man alle Viertel-jahr den Tribut für die Sünde ablegen müsse: derowegen so ist weder der ungerechte Beichtvater, noch das ungerechte

Beichtkind zu entschuldigen, weil eines dem andern heuchelt.

Wir wollen dann demnach des Herrn Beichtvaters und Seelsorgers betrübte Klage, und sein Bekänntniß mit anhören, GOtt gebe, daß wir zugleich unsere Sünde darin mit erkennen lernen, und alle ohne Unterschied, wahre Busse thun mögen.

Bedenke übrigens vorher, geliebter Leser! daß beynahe in allen Kirchen, und auf allen Kanzeln von den Predigern grose Klage geführet werde, daß die Menschen sich nicht bekehren wollen; aber man klagt nur, und bestraft die Sünde des Volks insgemein so dahin, gleichwie man in einen Wald hinein schreiet, da sich die Stimme im Augenblick verliert, und die Bäume unbeweglich stehen bleiben.

Also predigen viele Priester Busse; aber nicht die wahre Busse, die Leute sollen sich bekehren, aber kein Mensch wird davon beweget, es sind in den Wind hinfahrende kraftlose, und geistlose Worte, die nicht aus dem Herzen eines rechtschaffen Bekehrten, und wiedergebornen Priesters herkommen.

Es sind mehrentheils solche Prediger (wie sie selber in der Bekänntniß gestehen,) die mit den alten Pharisäern und Schriftgelehrten auf Moses Stuhl, und jetzo gar auf Christi Stelle sitzen wollen, und predigen doch nur Heuchel-busse, wie jene zu Christi Zeiten, durch deren Predigen kein Mensch rechtschaffen bekehret wurde.

Diß alles können wir aus der Lehre des Herrn JEsu klar ersehen, unter anderm, da er Matt. 5, 20. sagt: Es sey dann eure Gerechtigkeit besser denn der Schriftgelehrten und Pharisäer, so werdet ihr nicht in das Himmelreich kommen, und C. 23. Nach ihren Werken solt ihr nicht thun: Sie sagens wohl; aber sie thun es nicht, ꝛc. ꝛc.

Es kan keiner sagen, wie Christus oder sein Apostel: Folget mir nach! Lernet von mir, aus meinem Leben und Wandel, wie ihr mich habt zum Vorbilde! oder: Seyd meine Nachfolger, wie ich Christi Nachfolger bin; sondern das Volk soll es nur aus ihren Worten lernen, eben als ob das blose Hersagen, gelernter geistlichscheinender Worte, die man fälschlich Gottes Wort zu nennen pfleget, einen Prediger ausmache: Weit gefehlt.

Es haben sich, leider! heut zu Tage sehr viele an Christi Statt gesetzet, oder von andern hinsetzen lassen! Das Volk muß dahin kommen, und seine Sünde beichten, und nacht ein jeder sein Compliment wie er will; Etwan also: Ehrwürdiger lieber Herr! Ich bitte, Er wolle meine Beicht hören, und mir Vergebung, oder Ablaß meiner Sünden sprechen, an Christi Statt. Der an Christi Statt gesetzte Beichtvater, spricht: Ja, gar gerne!

Die Beicht-Formul, die ein jeder gelernet hat, wird nach der alten Gewohnheit hergesagt; wenn nun die gewöhnliche vierteljährige Beichtforme hergesagt ist, so heißt diß dann: Busse gethan! Darauf langet der Herr Beichtvater die besten Trostsprüche aus der Bibel hervor, und gibt sie seinem lieben Beichtkind mit auf den Weg!

Zum Beschluß sagt er mit Handauflegen: Ich als ein berufener Diener JEsu Christi! vergebe dir auf Befehl meines HErrn, an Christi Statt, alle deine Sünden, im Namen des V. S. und H. Geistes. Gehe hin im Friede.

Dieses ist nun in so viel Jahren, zu einer sehr sündlich bösen Gewohnheit worden, so, daß der Ablaß der Sünde, vielmehr ein Zulaß worden.

Deshalben auch ein gewissenhafter Priester, nicht mit ruhigem Gewissen, in solchem Predigamt stehen kan; sondern endlich mit kläglichen Worten heraus brechen und bekennen muß: Ich bin nicht Christi Diener, nicht Gottes Knecht, sondern ein Bauchdiener! Christo entgegen und zuwider, darum bin ich ein Anti-christ! Ich stehe nicht in der Wahrheit; sondern in tiefster Heuche-ley und Lügen. N. B. Ich kan keinen Menschen darstellen oder anzeigen, der durch mein Buß-predigen wahrhaftig wäre bekehrt worden: Ich habe lauter falsche Beicht-Kinder gezeuget.

Um besserer Ordnung willen wollen wir dem Leser zwey Personen namentlich vorstellen, die mit einander redend eingeführt werden, und zwar erstlich einen betrübten, traurigen Priester, der seine Sünde erkennet, öffentlich erzehlet, und bekennet; dann zweytens, einen verständigen gemeinen Mann, der auch dabey Gottesfürchtig ist, und die Wahrheit bezeuget.

Den Priester wollen wir Aaron nennen und also seinen eigentlichen Namen verschweigen; der ehrliche Mann aber soll Gottlieb heissen: diese zween Männer waren in einer Stadt.

Gottlieb war ohne falsch, und sehr beherzt, also daß er ohne Menschenfurcht die Wahrheit aller Orten reden und bezeugen konte;

dieſer hörete, daß der Prieſter Aaron in dieſer Stadt, mit ſeinem Herzen eine gründliche Unterſuchung angeſtellet, ob auch ſein bisheriges Thun und Laſſen GOtt gefällig ſey? oder ob er nicht vielmehr gethan habe, was Menſchen verordnet haben, das ganz gegen Chriſti Sinn und Willen iſt? Er hörete auch, daß er ſich gänzlich entſchloſſen habe, künftig nicht mehr gegen GOtt, und ſein Gewiſſen anzugehen, unter andern, daß er nicht mehr kleine Kinder taufen wolle, auch nicht mehr wie die andern Prieſter, Beichte ſitzen, noch das gewöhnliche Sacrament des Altars halten wolle, darüber die ganze Stadt in Bewegung gebracht wäre.

Dieſer Gottlieb freuete ſich über den M. Aaron, hoffend, daß er ſich rechtſchaffen bekehren würde ließ ihm demnach ſagen: Er ſolle es nur getroſt auf GOtt wagen, und ihm vertrauen mit aufrichtigem Herzen, Er werde ihm beyſtehen.

Aaron bekam unterdeſſen einen eifrigen Trieb, eine gewaltige Bußpredigt zu thun, darinnen er den falſchen Gottesdienſt, die von Menſchen erdichtete Kinder-Taufe! Die ums Geldes willen erfundene Beicht! Das morgens haltende Abendmahl! Das andachtloſe Beten und Singen! Und die falschen Bußpredigten auf einmal aufgedecket, und alles falsche verworfen.

Man forderte hierauf den Herrn Aaron vor den geist-und weltlichen Rath. Die Bürger und der gemeine Pöbel, hatten sich vor dem Rath-hause versammlet, und verklagten ihren Herrn Seelsorger und Beichtvater, nach ihrer Weise, und sagten, daß der Herr Aaron nicht mehr wie sonsten so tröstlich predigte; sondern ihnen alles zur Sünde machte, und sie fast verdammen wolte.

Er wolle ihnen auch nicht mehr ihre Kinder taufen. Nicht Beichte hören. Keine Absolution sprechen. Das H. Abendmahl nicht mehr halten. Den Leib und Blut des HErrn nicht mehr austheilen, wodurch sie bisher mit ihren Vorfahren wären Gerecht und selig gemacht, und im Glauben gestärket und getröstet worden.

Nun aber wolle der Herr Aaron auf andere Gedanken kommen, und an seiner eigenen bisher geführten Lehre zweifeln, als ob er uns blos aus Menschenfurcht, ums Bauchs willen, um seines Einkommens wegen, oder aus Furcht des Kreuzes Christi, die unverfälschte reine Wahrheit nicht gelehrt hätte, ꝛc. und wolte also die ganze Gemeine damit in Zweifel setzen, als ob sie noch gar keine Christen wären. Es solle der Herr Aaron sein Bekäntniß ablegen, warum er nicht wie andere getreue Lehrer und Prediger, fortfahre? da sie doch so lange Zeit mit ihm in allem sehr wohl zufrieden gewesen, und keine Klage über ihn gehabt, auch an seinem Leben und Wandel nichts auszusetzen gefunden; wohl wissende, wie er sie gelehrt, nemlich, daß wir alle arme Sünder wären, ꝛc.

Sie wolten ihm also keine Sünde zurechnen, noch einiges Unrechts schuld geben; er solte nur fernerhin thun, wie er vorher gethan, und im Friede ihre Kinder forthin taufen, Beichte sitzen, und ihre gelernte Formeln gedultig anhören, sie absolviren, trösten, und zur Versicherung ihrer künftigen Seligkeit, mit dem heiligen Abendmahl ihren schwachen Glauben stärken, und sich nicht um ein so ernstlich wahres Christenthum oder frommes Leben, bekümmern.

Er hätte ja oft geprediget, daß in diesem Leben nichts vollkommenes im Christenthum möglich sey! und dabey solte ers doch bleiben lassen! Gottes Gebote könten wir nicht halten: übrigens möchte er auf der Kanzel so scharf predigen als er wolte, er solte nur keine Person nennen, so wolten sie sichs nicht annehmen. B

Hierauf erschien Herr Aaron vor dem Rath, und allen Bürgern, wie auch vor der gegenwärtigen Priesterschaft, die in seines wunderbarlich veränderten Zustands wegen befragen solten.

Es war aber auch vorbenanter Gottlieb, unter den Bürgern gegenwärtig, und hörete den ganzen Handel mit an. Der Rath sagte: Herr Aaron solte jetzt Rechenschaft von seiner neuen Lehre geben, das Volk habe sich über ihn sehr beschweret, und geklagt; daher sie ihm die Klage gebührlich vorhalten, und seine Antwort darüber vernehmen müßten!

Herr Aaron sprach hierauf: Hoch-Ehrwürdige, Hoch-Edle und Hochgelehrte Herren, auch Ehren-veste, Groß-Achtbare, und in Gebühr der ganzen Gemein-Versammlung, Geehrteste Herrn, Freunde und wehrte Gönner, besonders aber liebste Beicht-Kinder.

"Ich armer, trostloser, betrübter und angefochtener Mann! soll von meiner neuen Lehre Rechnung thun, die doch nicht neu; sondern bereits vor mehr als 1700 Jahren, von dem HErrn JEsu und seinen Aposteln, ja auch schon vorher von den heiligen Propheten gelehret worden, da ich mich nun Zufolge dieser Christlichen Lehre, zu GOtt rechtschaffen bekehren will, damit ich mit gutem Gewissen vor GOtt leben und wandeln möge, so soll ich nun deswegen Rechenschaft geben; eben als ob diese Bekehrung, eine grose Sünde und Missethat sey.

Ich bekenne dann mit groser Scham vor GOtt und euch, daß ich euch so viele Jahre falsch gelehret und geprediget habe; indeme ich nicht Christi Lehr, sondern dürftige Satzungen, meiner Kirchenväter, und meistens antichristischen verordnungen meiner Kirchen Mutter, für Gottes allein seligmachendes Wort, verkauft: O! grose Unwahrheit und Lästerung.

Ich habe euch ferner Busse, das heißt Aenderung des Sinnes, Lebens, Herzens und Gemüths geprediget, und doch selber niemalen an eine solche wahre Busse ernstlich gedacht geschweige richtig vollführet.

Ich habe desgleichen euch vieles vom Glauben oder Vertrauen zu GOtt gelehrt, und ihm doch selbst niemalen recht getrauet, am wenigsten einen ächten [unter den Schrecken des Gesetzes, in mir, ob zwar schmerzlich, doch seliglich gebornen] lebendigen Glauben, jemals gehabt.

Ich habe euch weiter, wie vor Alters der Hohepriester Aaron, aus Menschenfurcht, einen besondern Kälberdienst unter Gottes Namen zulassen müssen, 2 Mos. 32. Man hat euch so viele Jahre in der Kirche, gleichsam um den Altar und um den güldnen Kelch der babylonisch-geistlichen Priesterjungfrau tanzen lassen, und zwar in allem eurem hoffärtigen Staat, Stolz und Pracht, in allen euren Greueln und Sünden, wie geschrieben stehet, Off. 17, 4. Bedenket demnach, aus welchem Kelch ihr bisher getrunken, und wo ihr zusammen kommen seyd?

Man hat euch dabey noch aufs lieblichste zu diesem eurem Tanz um den Altar, mit Orgeln und mit Musicanten aufgewartet, und lustig gemacht, und noch überdas, diesem albernen dummen Kälberdienst, einen heiligen Namen gegeben, nemlich: Das hochwürdige heilige Abendmahl des HErrn JEsu. Ach nein! solche lastervolle Leute hatte der HErr JEsus nicht gehabt, bey seiner letzten Abend-Mahlzeit.

Ihr stundet dabey in der Meynung, ihr hättet auf dem Altar euren GOtt im Brod und Wein! denselben woltet ihr unter Gottes Namen, wie die Kinder Israel ihr Kalb, anbeten, ja gar zum Zeichen und Gewisheit, als vermeynte Jünger Christi in euch essen und trinken, um dadurch öffentlich zu beweisen, daß ihr an Christum glaubet, und habt euch auch damit so oft stärken wollen, und doch keinen wahren Glauben, der gestärket werden kan, jemals gehabt. GOtt seys geklagt!

Der Sohn Gottes ist mit seiner Wahrheit und Gerechtigkeit, mit seiner Liebe, Sanftmuth, Demuth, Gedult, Barmherzigkeit und Gottes-kraft, noch nie in dergleichen Seelen kommen, um sein göttlich Licht und Leben zu offenbaren, die noch mit diesem Irrthum benebelt sind.

Alle eure Sünden, davon ich euch bisher absolvirt und losgesprochen, liegen mir nun zu meiner grösten Verdammniß auf meiner Seele, und sind mir, wie eine schwere Last, auf meinem Halse, und durch meine kraftlose Absolution, habe ich mich aller eurer Sünden theilhaftig gemacht, wie geschrieben stehet, 1 Timoth. 5, 22.

Ich habe also unter euch, zwar ein scheinheiliges Leben geführt, daß ihr wohl alle mit mir zufrieden gewesen; aber zu meiner Verdammniß, in einem fleischlichen Frieden, weil ich euch bey meiner Gottlosen Absolution vielmehr in Sünden gelassen, und euch dadurch in euren Sünden gestärket, und in einem sündlichen Frieden mit euch gelebet.

Ihr seyd Vierteljahr-weise immer wieder zu mir gekommen, mit euren alten Sünden beladen, wie die Fuhrleute ins Zollhaus, um den Zoll abzugeben, und ich armer, betrübter Mann, bin leider ein geistlicher Zöllner gewesen! und habe euch eure vorige Sünden-wege wandeln lassen, und das klaget mich vor Gottes Gerichte heftig an.

Ich habe mich zwar vor dem Richter auf mancherley Weise entschuldigen und rechtfertigen wollen; aber ich bin allezeit überzeugt, und als ein Heuchler angeklagt und verurtheilet worden.

Ich sprach zu GOtt: Lieber HErr! die Leute kommen häufig zu mir in den Beichtstuhl, ich kenne sie nicht alle, und kan ihnen nicht ins Herze sehen, und habe sie auf gute Hoffnung absolvirt, und es auf ihre Verantwortung ankommen lassen; aber der HErr sprach in meinem Herzen, durch meine anklagende Gedanken: Du bist ein wissentlicher, muthwilliger Heuchler! Ich habe dir keinen Befehl gegeben, daß du dich fast alle Woche solt in den Beichtstuhl setzen, u. einen immerwährenden Absolutions-Kram treiben.

Die unbekanten Leute, die du nicht kennest, wie du selber gestehest, und doch gleichwohl absolviret, und auch die, die du gar wohl kennest, daß sie keine gute Buß-früchte bringen, und nicht zu meiner Gerechtigkeit kommen, die hast du dennoch mit deiner Absolution, in ihren Sünden gestärket.

Du sprichst, du könnest ihnen nicht ins Herze sehen, und siehest gleichwohl mit leiblichen Augen ihre böse Werke, die sie treiben. O du übler Seelenhirte! Wilt du die Schafe auf ihre Verantwortung irre gehen lassen, und nicht mein Amt den Schlüssel recht gebrauchen? Du wilt nur lösen; aber keinen binden, so habe ich dich nicht berufen; sondern du bist ein böser Miethling, der sich um den Lohn hat dingen lassen, und bist von Menschen angenommen, die nichts anders wollen, als daß du ihnen heucheln solt.

Du bist auf dem Wege Bileams, und begnügest dich an dem Beutel Judä Ischarioths, und liebest die Welt, wie Demas, du bist vor meinen Augen ein grosser Heuchler, und ein viel gröfere Sünder, als deine arme verführte Beichtkinder.

Du hast auch eine grösere Heerde Schafe angenommen, als du allein hast hüten können. Die rechten Hirten kennen ihre Schafe; du aber kenneſt ſie nicht, und frageſt wenig darnach, was ſie thun und machen, das heißt übel gehütet; derowegen ſo fordere ich von dir zuerſt, vor allen Menſchen, rechtſchaffene wahre Buſſe und Bekehrung; dann durch dich iſt bisher mein Volk an dieſem Ort, verführet worden; und durch deinen Ablaß der Sünde, haſt du dem Volk nur einen gröſern Zulaß der Sünde verurſacht, das ſiebenfältige Wehe, wird dich mit allen Phariſäern und Schriftgelehrten treffen, das Verlorne will ich von deiner Hand fordern.

Darum ſo thue bey Zeiten Buſe, damit das Volk von dir die rechte Buſe lernen könne: denn du haſt bisher mein Evangelium nicht lauter und rein geprediget; ſondern die angenommene Menſchen-lehre auf den hohen Schulen und auch den neuen pietiſtiſchen Sauerteig der alten Phariſäer darunter gemenget, und haſt nicht meinen evangeliſchen Glauben, ſondern nach deiner Vernunft und Welt-weisheit geprediget, damit du dem Kreuz Chriſti entgehen konteſt.

Als ich dieſes in meinem Herzen hörete, ſo wolte ich mich vor dem HErr noch weiter entſchuldigen, und ſprach: Ach lieber HErr! Du biſt ja ſehr barmherzig und gnädig, und wilt haben, Petrus ſoll 70 mal 7 mal vergeben, Matt. 18, 21. soll ich dann nicht auch vielmehr im Beichtstuhl so tröstlich fortfahren, und den Leuten vergeben? Der HErr aber antwortete in meinem Herzen und Gewissen:

Schämest du dich nicht, meine Worte also zu mißbrauchen, und die Leute gottlos damit zu machen, habe ich den Menschen damit Urlaub, und einen Zulaß zu sündigen gegeben? Wie denkest du so arges von mir? Meynest du, ich werde die viele Sünden nicht strafen, die du denen Gottlosen und Heuchlern im Beichtstuhl so leicht erlässest, da sie doch nicht davon lassen wollen? Du irrest sehr.

Am jüngsten Tage, sobald nach dem Tode, solt du erfahren, mit allen denen, die 70 mal 7 mal, auf Gnade gesündiget haben, ob sie erlöset, oder von mir absolviret sind? Du wirst auch mit Ach und Weh sehen, was deine thörichte Absolution, dem Volk geholfen hat.

Du hast keinen Verstand von diesen meinen Worten, oder wilt es muthwillig nicht erkennen. Höre! Wenn an dir die Leute so oft sündigen, so solt du ihnen auch ihre Sünde so oft vergeben, und sprechen: Sehet zu, ob ihr auch von GOtt bey euren fortfahrenden Sünden, Vergebung haben könnet? NB. dann immer wieder sündigen, kan kein Ablaß oder Vergebung der Sünde heisen, Sir. 23,21. und davon kan ich euch keine Gewisheit und Versicherung geben, gehet hin und fraget den HErrn, wie oft ihr sündigen möget, und wie oft ihr Christum mit euren Sünden kreuzigen dürfet, und wie vielmal in der Schrift zu sündigen zugelassen sey, und wie oft ihr den heiligen Geist betrüben solt?

Siehest du blinder Hirte nicht, was mein Geist in der heiligen Schrift vielfältig wieder solche Sünder redet. Luc.17,3. Ebr.6, v.4,6. Cap.10,26. in 2 Pet. 2, 19. 20. 22. 1 Tim.5,22. 1 Joh.3,8. Joh.8,34. Röm.6, v. 1, 16. 17. Gal. 2, 17. Das Volk will unter einander keiner dem andern die Schulden erlassen, und du nimst sie an, als hätten sie an dir gesündiget: Ich als der HErr, kündige dir zuerst den Bann und Fluch an, und solt so lange vor mir gebunden bleiben, bis du wahre Busse thust.

Ich sprach: Ach GOtt! ich bin der Mann, der die Wahrheit in Ungerechtigkeit, bisher hat aufgehalten, Röm. 1,18. Ich bin der Mann, der mit jedermann im Beichtstuhl geistliche Hurerey getrieben hat: Die vermeinte heilige Kirche ist die Mörder-grube, darinnen so viele ungerechte Leute zusammen kommen, und ein unheiliges Abendmahl mit einander halten, Matt.21,13. 1Cor.10,20. 2Cor.6, 14.15. Jerm. 7.

O wehe! ich habe immer gerufen: Hie ist des HErrn Tempel:,: Ich habe euch oft vor falschen Propheten gewarnet, und ich bin selbst hauptsächlich ein falscher Prophet gewesen, der im Schafskleide zu euch kommen ist und ihr habet mich nicht erkannt, zur Schande muß ich solches von mir selbst vor GOtt und euch bekennen. Sehet meine Liebsten! das ists, was mich vor GOtt anklaget, und ich hätte noch vielmehr zu sagen, wenn ich eure Liebe länger aufhalten wolt. Ich will es aber, wenn mirs zugelassen wird, in eine Schrift verfassen, damit es jederman lesen, und sodann oft wiederholen kan.

Die gegenwärtigen Herrn sprachen hierauf: Wir hören schon so viel aus euren Reden, daß ihr ein Abtrünniger und Abgewichener von unsrer väterlichen Religion seyd, es wird hierauf nichts anders erfolgen, als daß man euch noch einen Monat Bedenkzeit gibt, ob ihr von eurer irrigen Meynung abstehen wollet, oder nicht? So ihr denn beharret auf eurer Meynung, so wird ohnfehlbar das Abſetzen von Amt und Dienſt erfolgen; es ſoll euch aber erlaubt ſeyn, euren Glaubens-grund, in einer kurzen Schrift aufzuſetzen, und uns einhändigen. Damit lies man dieſes mal die ganze Verſammlung aus einander gehen jeden an ſeinen Ort, und Aaron ging dismal auch betrübt in ſein Hauſe; aber der eine Bürger, Gottlieb folgete ihm auf dem Fuſe nach, bis in ſein Haus.

Aaron fragte unter anderm dieſen lieben Freund: Warum beſucht ihr mich, mein Freund! und was verlangt ihr eigentlich von mir? Gottlieb antwortete: Lieber Herr Aaron! Ich habe mich über euer aufrichtiges Bekentniß vor der ganzen Gemeine erfreuet, und bin euch deswegen allein nachgefolgt, um mit euch in Liebe ein mehrerers zu ſprechen.

Aaron ſagte: hat ſich ſonſt keiner gefunden als ihr allein? Antwort: Nein, keiner mehr! Die Aufrichtigkeit folgt denen Wahrhaftigen alleine nach, die Heuchler bleiben alle zurück, ꝛc. Wie wirds dann meinem lieben Herrn Aaron ferner ergehen? Aaron ſprach: Es iſt gut, daß Gottlieb zu mir kommt! ich habe ſeines guten Raths vonnöthen.

Gottlieb ſprach: GOtt wolle dem Aaron rathen, und ihm ein aufrichtiges Herz verleihen, daß er ſein Glaubens-bekentniß, ohne Menschenfurcht ganz kurz einrichten, und vor aller Welt darlegen möge, daß es in göttlicher Gewißheit und Wahrheit bestehe, und mit dem Kreuz Christi versiegelt werde.

Aaron sagte: Geliebter Freund! Ich möchte wohl sagen: Lieber Bruder! Ich habe es bereits schon fertig liegen, nur kan ich noch keine rechte Resolution fassen, das Kreuz auf mich zu nehmen.

Ich habe Weib und Kinder, meine Frau ist keine Liebhaberin des Kreuzes Christi, daß sie in Mangel und Armuth gedultig, ruhig, und im Leiden zufrieden wäre, sie will lieber mit mir, in der pharisäischen Frömmigkeit fortleben, und sich den andern Staats-weibern gerne gleichstellen, ich kan ihr den hoffärtigen Fleisches-sin nicht nehmen.

Wir haben bisher von den fetten Sünd-Opfern, fein delicat gelebt; denn wann ich aus dem Beicht-stuhl nach Hause gekommen, so hat sie schon die Rechnung gemacht, wozu das Beichtgeld könne angewandt werden? und da kanst du lieber Freund leicht denken, daß sie, samt mir, eine gute fette Küche gewohnt: An Kleider-pracht hat sie es auch nicht ermangeln lassen, und so haben wir des Volks Sünde in uns, mit Lust und Sünden hinein geschluckt, und uns mit Sündengelde gekleidet, das übrige haben wir zu unserm Mammon beygelegt! Dis alles klaget mich gar sehr vor GOtt an.

Ich habe zwar mein Gewissen, auf alle Weise und Wege befriedigen, ja mit Gewalt unterdrücken wollen, daß ich beynahe, ein heimlicher Atheist, oder Sadducäer worden wäre, (der nur unter Gottes Namen eine Comödie gespielt, und sein Brod damit verdient, wenn mich die züchtigende Gnade Gottes nicht erhalten hätte.

Es ligt mir anbey was schweres im Gemüthe: Was soll ich thun? bekenne ich die Wahrheit aufrichtig, so habe ich nichts anders als Armuth, Kreuz und Elend zu erwarten! jedoch ich tröste mich dessen, daß es nicht ewig währet; wer weiß wie bald all mein Kreuz und Elend, ein Ende hat?

Es ist besser, daß ich die Wahrheit, so wie es vor GOtt ist, frey heraus sage, und öffentlich bekenne; Es ist doch eine Verheissung: Wer mich bekennet vor den Menschen, den will ich wieder bekennen vor meinem himmlischen Vater! Wer mich aber verleugnet vor den Menschen, den will ich wieder verleugnen, vor meinem himmlischen Vater.

Wann ich dis bedenke, so überwieget, die künftige Herrlichkeit dis alles sehr weit;

aber mein Weib und Kinder, werden sich wohl sehr übel zum Kreuz schicken, und dürften vielleicht wohl meine eigene Kreuziger mit mir werden, wie ich denn schon viele Klagen höre, weil ich das gottlose und sündliche, ja wohl vermaledeiete Beichtgeld, Gewissens halber nicht mehr annehmen kann.

Hierauf antwortete Gottlieb: Liebwerther Bruder! So du wahrhaftig Glauben an GOtt fassen wirst, so wird er dich nicht verlassen, sondern du wirst erfahren, daß die Verheissung des HErrn JEsu an dir wahr werden wird, Matth. 10. Darum fürchte dich nicht, du bist besser als viel Sperlinge! Ein Haar von deinem Haupt soll nicht umkommen.

Hast du übrigen dein Glaubens-Bekäntniß aufgesetzt und bey der Hand, so laß michs hören, oder sehen? Aaron sprach: Ja! ich will dirs und allen Menschen zu lesen geben: Siehe da und betrachte es.

M. Aarons
Glaubens-Bekäntniß.

ICh Aaron vom prieſterlichen Geſchlecht, bekenne überhaupt, mit dem heiligen Apoſtel Paulo. Geſch. 24, 14. daß ich nunmehr glaube alle den Worten Gottes, was in der Bibel ſteht, hergegen achte ich alle Menſchengedichte, und Aufſätze der Elteſten für nichtig, ſonderlich diejenige, welche ſo gar gegen Chriſti Sinn und Lehre angehen, und halte mich nun mehr an das reine Wort Gottes, welches ich zuvor in meinem unbußfertigen und unbekehrten Leben, in allen meinen Lehren und Predigten verfälſchet, nach der verderbten Vernunft, und nach des Fleiſches Sinn ausgelegt, und alſo das Wort Gottes ſehr gemißbraucht. Ich habe Taufe, Beicht und Abendmahl, als ein böſer, ungerechter Hausvater verwaltet, und übel bedient. Ich hab unglaubigen Eltern ihre unglaubige Kinder mit Waſſer im Namen Gottes getauft, oder recht zu ſagen, nur beſprengt, und hatte keinen Befehl in der ganzen heiligen Schrift darzu, weder von Chriſto ſelbſt, noch von ſeinen Apoſteln: dann, wann ich das ganze Fundament unſrer Taufe betrachte, ſo ſtehet ſie wahrhaftig auf keinem feſten Grund! denn was wir eigentlich zum ſtärkſten Beweis für unſere Kinder-Taufe annehmen, iſt, was JEſus Mar.

19, 14. ſagt: Laſſet die Kindlein zu mir kommen, ꝛc. Allein was hat JEſus denn allhier gethan? Taufte er ſie? Nein! er taufte ſie nicht, er befahl auch ſeinen Jüngern nicht, ſie zu taufen, er ſchickte ſie auch nicht zu Johanne um getauft zu werden; ſondern er legte nur blos die Hände auf ſie, und ſegenete ſie.

Daß aber auch unter Lutheraner, kleine Kinder getauft werden, rührt wie bekannt vom Pabſtthum her, und Lutherus hat endlich dis Kinderſpiel in ſeine neue Kirche mit eingeführt, ob er Anfangs gleich ſehr dagegen war.

Unter andern, ſchreibt Lutherus deshalben ſehr bedenklich, in ſeiner Kirchen-poſtill, über das Evangelium am 3 Sonntag nach der H. 3 Könige, f. m. 219. b. ſq. folgendes: Es ſind etliche, die dafür halten, ein jeglicher müſſe vor ſich ſelbſt glauben, und mit eigenem Glauben, die Taufe oder Sacrament empfangen, wo nicht ſo ſeye die Taufe, oder Sacrament kein nütze, ꝛc. ſolche Leute reden und halten recht; aber daß andere zufahren, und taufen gleichwohl die jungen Kinder, daß iſt ein Spott der H. Taufe, und ſündigen wider das zweyte Gebot, daß ſie Gottes Namen und Wort unütz und vergeblich führen, mit bösem Gewissen und muthwillens. Es hilft sie auch nicht die Ausrede, daß sie sagen und vorgeben: die Kinder Taufe man auf ihren zukünftigen Glauben, wenn sie einmal zur Vernunft kommen möchten: denn der Glaube muß vor, ja in der Taufe da seyn. Wo wir nun nicht besser auf die Frage, vom Glauben der jungen Kinder, antworten und beweisen können, daß die jungen Kinder selbst glauben, und eigenen Glauben, haben, da ist mein treuer Rath und Urtheil, daß man ja stracks abstehe, je eher je besser, und taufe nimmermehr ein Kind! daß wir nicht die hochgelobte Majestät Gottes, mit solchen Allfanzereyen und Gaukelwerk, da nichts hinter ist, spotten und lästern. So weit Luthers eigene Worte.

Ich habe demnach weder Exempel noch Befehl von Christo, auch nicht von den lieben Aposteln: dann ob es wohl vom Kerkermeister heißt, er ließ sich taufen mit seinem ganzen Hause, woraus die Päbste, nebst allen Blinden und verkehrten unsrer Zeiten, ganz fälschlich geschlossen, daß auch Kinder darin gewesen seyen! so ist es gleichwohl eine blose Muthmassung, ein ungegründeter Wahn, und kein hinlänglicher Beweis; Es zeigt vielmehr selbst das vom Kerkermeister angeführte Exempel, das Gegentheil, dann es waren lauter Gläubige, Gesch. 16,32.34. Kurz: Christus hat nur erwachsene, Gläubige befohlen zu taufen, Matt. 28, 19. 20. Marc. 16, 16. Seine Jünger und Apostel, sind diesem Befehl auch treulich nachkommen, die erste Kirche that auch so.

Ich armer hatte demnach, wie bereit erinnert, wegen meiner Kindertaufe, weder Christi Befehl, noch göttliche Gewißheit in meinem Herzen, und taufte nicht nur gleichwohl drauf los, sondern machte noch über das den Leuten weiß, daß diese ungewisse, unbefohlne Kindertaufe, eine Wiedergeburt und Reinigung von Sünden sey.

Ich habe also dadurch meine Zuhörer betrogen, und von der wahren Wiedergeburt abgeführt, ja ihnen noch gar deshalben Geld abgenommen, und nun mir die Augen aufgegangen, so finde ich bey so viel hundert getauften Kindern, auch bey den alten längst getauften Leuten, keinen rechten wahren, lebendigen Glauben, keinen willigen Gehorsam, keine aufrichtige Liebe gegen GOtt und seinen Geboten: es ist ein boßhafter Same, wie man es leider aus ihren Werken siehet! Gläubige Kinder sind GOtt allein bekannt, und darum ist der Glaube nicht jedermans

Ding, 2Thes 3, 2. Ich habe also die Taufe und den Namen Gottes vielmal gemißbrauchet, NB. Ich habe in meinem Unglauben andere Ungläubige getauft, wie ich sie dann haufenweise im Unglauben vor Augen sehe. Dieser Ungläubigen sündigen Art ihr sogenanter Glaube ist nur ein historischer Mund-glaube, ein Dünkel-glaube, ein Wahnglaube, ein Meynungs-glaube, ein Buchstaben-oder Bücher-glaube, den man in den Kopf fasset, ja ein falscher Glaube, darin kein Geist noch Leben ist, und mit solchem falschen Glauben, darin sie bekennen, daß sie grose Sünder sind, (wie es leider nur allzu wahr ist) und die Gebote Gottes nicht halten könten, ja frech nicht halten wollen, kommen sie gleichwohl zur Beicht, geben vor, es reue sie ihre Sünde, davon sie doch nicht lassen wollen, sie sagen zwar, sie wolten sich bekehren und sich mit Gottes Hülfe bessern, es geschicht aber nicht.

Solch Geschwätz haben die Lehrer auf den hohen Schulen, und die Layen in der Kinderschule gelernet; aber es ist bisher lauter Heucheley, und sind offenbare Lügen gewesen, denn ein jeder ist in seinen Sünden geblieben, keiner hat sich gebessert, sondern haben damit den seligmachenden Glauben verleugnet, meine Beichtkinder haben sich auf den Verdienst Christi getröstet, ein jeder ist mit falscher Busse in seinen Sünden fortgefahren: Der Geitzige in seinem Geitz, der Hoffärtige in seiner Hoffarth, der Unbarmherzige in seiner Unbarmherzigkeit, der neidische in seinem Neid, der Argdenkende in seinen argen Gedanken, der Hasser in seinem Haß, der Unreine Wohllüstige in seiner Fleisches Lust, der Verschwender im Mißbrauch der Gaben Gottes, der Weinsäufer beym Ueberfluß, der Possen-und Scherzmacher, in seinen Narrentheydingen und Lügen, der Betrüger in seinem Betrug, der Wucherer in seinem Wucher, der vortheilhaftige Dieb bey seinem Vortheil, der reiche Mann bey seinem Mammons-dienst und Verachtung der Armen, der Presser und Drücker der amen Leute in seiner Härtigkeit, der Lastaufleger bey seiner Auflage, die Häuser und Aecker an sich gezogen, wollen allein das Land besitzen und über die Leute mit der Strenge herrschen, auch denen armen Miethleuten für Stuben und Kammern, mit ihrem schweren Hauszins den Schweis und Blut aussaugen, der Heuchler will bey seiner Heuchelen bleiben, der sich arbeiten lässet, will dem armen seinen Lohn abbrechen, und in Sünden bleiben, der Flucher und Lästerer bey seinem fluchen und schwören, der Eydbrüchige bey seiner Untreu, der feindselige in seiner Feindschaft, der Zornige in seinem Zorn, der Abgöttische in seiner Abgötterey, der Weltliebige bey seiner argen Weltliebe, die Unordentlichen Hund=liebhaber bey ihrer närrischen Schoos=hunds Liebe, die Spieler bey ihrem Spielen, die Commödianten bey ihrem Gaukel=spiel, die Tobacks=raucher bey ihrer lustigen Companie, der Sünder Geselle bey seinen Brüdern, der Boshaftige bey den Bösen, der Zänkische bey seinen Processen, der ungerechte Richter bey seinem Unrecht, der Ehrgeitzige in seinem Ehrgeitz, der Faule in seinem Christenthum, bey seiner Faulheit und Lässigkeit, die Verächter Gottes in Verachtung seiner Gebote, die Lästerer und Verfolger der Frommen in ihrem muthwilligen blinden Eifer, die Ungerechten in ihrer Ungerechtigkeit, die Schalkhaftigen in ihrer Schalkheit, die Arglistigen in ihrer Arglistigkeit, die Ohrenbläser in ihrer Verleumdung, die Ruhmredigen bey ihrem Rühmen, die ungehorsamen Kinder, die ungehorsamen Knechte und Mägde bey ihrem Ungehorsam, Eigenwillen und Widerwillen, die Unvernünftigen bey ihrer Unvernunft, die Stör=

rigen bey ihrer Halsstarrigkeit, die Murrenden bey ihrem Murren, die Spötter bey ihrem Hohn und Spott.

Ueber diß alles wollen die Liebhaber der Sünde ihre Sünde noch defendiren und entschuldigen, ein jeglicher will recht haben, und bleiben wie er ist. Man siehet weder Veränderung, Reue noch Besserung; und so thun nicht nur die Niedrige, Geringe und gemeine Leute, sondern so gar die Richter, Rathsleute und Oberherrn, ja diese machen es noch gar am schlimsten, die obrigkeitliche Personen bleiben einmal wie das andere bey ihrer unchristlichen Hártigkeit, worinnen sie die arme unterthanen pressen, drücken, quälen, schinden und nach Cunst ihre Urtheile sprechen, Gottes Kinder verfolgen, aus dem Lande vertreiben, und im übrigen der Armen Schweiß und Blut in aller Wohllust verprassen, als ob kein GOtt im Himmel wär.

Alle diese Leute, die zu mir in Beichtstul kamen, habe ich in ihren beharrlichen fortfahrenden Sünden so vielmal absolvirt, und gesagt zu einem jeden: Ich vergebe dir an Gottes statt alle deine Sünden, im Namen, Gottes V. S. 2c. Gehe hin im Frieden; und das Volk hats auch als eine Vergebung oder Schenkung der Sünde angenommen, gleich als schenkte man einem grosen Schuldner alle seine Schulden.

In solchem Wahn hat bisher das Volk die Vergebung ihrer Sünden angenommen, und auf Gnade zu sündigen noch nie aufgehöret, und also auf neuen Credit fort gesündiget. Ein jeder wolte seiner Sündenschuld erlassen haben, aber keiner konte und wolte seinem armen Nächsten einen Thaler Schuld erlassen, es hieß: bezahle mir was du mir schuldig bist, oder ich lasse dich exequiren, und hinsetzen, ꝛc.

Dieses alles habe ich mit meiner Gottlosen Absolution verschuldet, ob ich schon mit Bedingung als ein freundlicher Schalk die Leute absolvirte, und mich wie ein heuchlerischer Pietist, entschuldigen wolte, so blieb ich doch bey diesem bösen Handwerk, und ließ mit meiner heuchlerischen Bedingungs-Absolution gleichwohl alle Menschen in ihren Sünden, und ließ mir die schöne Beichtpfenninge gefallen; und solche Gäste habe ich am Tisch des HErrn gehabt, wenn es ja ein Tisch des HErrn heisen soll, daran ich nun auch gänzlich zweifele, wie Paulus 1 Cor. 10, 21. Ich habe fürwahr als ein sehr untreuer Haushalter gar übel gehandelt, den Hunden und Säuen habe ich das, was man Heiligthum nennet, hingegeben, wie will ich vor dem Richterstuhl Gottes bestehen, ich bin unter euch meinen lieben Zuhörern der gröste Sünder, denn ich habe mich wissentlich aller euren Sünden theilhaftig gemacht, und habe euch so schändlich verführet und betrogen. Pſ. 50, 16. 17. 18. Röm. 2, 19. 24. Ich bin der Mann, der alle solche Sünde mit euch gethan hat, dieweil ich euch mit meiner Abſolution in Sünden gelaſſen habe. Ach vergebet mir um Gottes Willen, meine groſe und ſchwere Sünden, die ich an euch begangen habe; Ich habe mehr geſündiget als ihr alle, O meine Lieben! helfet mir zugleich von Herzen leid tragen, den Sinn recht verändern und Buſſe thun: denn wir haben alle mit einander geſündigt; aber ich bin freylich der gröſte Sünder unter euch, daher gebühret mir vor euch allen auch die ernſtlichſte Buſſe zu thun, und euch keine ſolche Abſolution mehr zu geben, ſo, wie ich bisher gethan habe; ihr möget ferner hin zum rechten himmliſchen Beichtvater gehen, der euch beſſer kennet als ich, und der euren Herzen ſehr nahe iſt, und möget die fünfte Bitte im Vater Unſer, lernen mit Wahrheit beten.

Vergebet erſt euren Schuldigern aus Liebe! Saget alsdann zu GOtt, er soll euch eure Schulden eben so vergeben, wie ihr euren Schuldigern vergebet, so wird er euch auch gewis vergeben, wo ihr aber euren Nebenmenschen, ihre Schulden und Fehler nicht vergebet, so wird euch mein himmlischer Vater auch nicht vergeben, ob euch schon 100 Prediger eure Sünden vergeben hätten, so hülfe es doch nichts.

Auf solche Weise aber könnet ihr euch selber von euren Sünden los machen, wenn ihr nur fein von Herzen eurem Nächsten vergebet, und von euren Sünden ablasset; ich kan euch mit meinem Absolviren, von euren Sünden nicht los helfen.

Ein jeder Bitte GOtt um ein neues Herz, und trete mit einem recht zerknirschten und zerschlagenen Herzen vor GOtt, wie der bußfertige Zöllner, Luc. 18. und rede einmal in seinem eigenen Herzen mit GOtt, Psal. 4, 5. Ps. 32, 5. Ps. 38, 9. damit er die Vergebung der Sünde gewiß bekomme, und nicht mehr betrogen werde, mit leerem Trost von Menschen, welchen vielleicht ihre Sünden selbst noch nicht bey GOtt vergeben sind, ich sags euch auf gut deutsch, mit aufrichtigem Herzen, ich mag euch nicht betriegen, bekümmert euch um einen neuen gewissen

Geist, der wird euer Leben beſſern.

Ich kan euch auch mit gutem Gewiſſen eure Kinder nicht mehr taufen, oder beſprengen, weil ich keinen göttlichen Befehl dazu habe, und mit meinen Augen ſehe, daß es nichts nutzet! betrachtet ſie ſelber, ob denen ihre Sünden abgewaſchen ſind, die ich getauft oder beſprenget habe, ſie ſind ja noch ganz voll Sünden und Untugenden, inwendig und auswendig, von den Fußſohlen bis zum Scheitel ihrer Häupter, und iſt nicht eine abgewaſchen, das ſehet ihr ja augenſcheinlich, wann ſie aus den Herzen heraus kommen, und mit leiblichen Ohren könnet ihr ſie hören, wann ihr keine geiſtliche Augen und Ohren habt, als da ſind: Lügen zornige Worte, Gebärden und Thaten, Schelten, Fluchen, unnütze Reden, Stehlen, Betrügen, Läſtern, Huren, Schwören, Ehebrechen, Todſchlagen, ꝛc.

Wären ſie durch mein Taufen, von Sünden gewaſchen, ſo wären ſie ja rein, und, wären ſie aus GOtt dem ewigen Wort Wiedergeboren, wie ich euch in meinem Unverſtand habe weis gemacht, ſo thäten ſie keine Sünde mehr: dann, wie ich ſchon geſagt, nach Johannis wahren Worten. Wer aus GOtt geboren iſt, der thut nicht Sünde, 1 Joh. 3, 9. Ach! sie müssen erst glauben, und durch den Gehorsam des Glaubens mit GOtt einig und vereiniget werden, so werden sie aus dem Wasser der sanften Liebe Gottes geistlich, das ist, wiedergeboren werden, alsdann werden sie gereinigt seyn; wer aber Sünde thut, der ist vom Teufel, ich sags euch ungeheuchelt, das unreine, fleischliche und zu sündigen geneigte Herz wird von meinem Taufen nicht rein, heilig und wiedergeboren, das Böse ligt tiefer als das elementarische Wasser hinein reichet, es ligt, ach leider! in der Seelen verborgen, bis es sich zeigt und ausbricht; lasset eure Kinder nur wahrhaftig glaubig werden, das ist die Hauptsache: dann JEsus sagte: Wer da glaubet und getauft wird, der wird selig; wer aber [merket doch! wie er in eben dem Augenblick schon die Taufe ausläßt] nicht glaubt, der wird verdammt werden, darum bekümmert euch vor allen Dingen um die Hauptsache, um den wahren seligmachenden Glauben, und wann eure Kinder auch darzu kommen, daß ihre Herzen vom heiligen Geist erleuchtet werden, so wird er sie gewißlich wohl alles lehren, was sie thun und lassen sollen

Ich kan euch auch unter Brod und Wein

Christi Leib und Blut nicht geben zum ewigen Leben: dann es ist, wie Luther sagt, das Wort für euch, fordert lauter glaubige Herzen, die habt ihr leider nicht, und ich hatte selber noch kein wahres glaubiges Herz, da ich nun weis was ein glaubiges Herz ist, so weiß ich, daß ihr nur Brod und Wein genieset, und nicht Christi Leib und Blut, dan Christus sagt: Wer mein Fleisch isset, und mein Blut trinket, der bleibet in mir, und ich bleibe in ihm. O liebe Seelen! wann Christus in euch bliebe, und ihr in Christo bliebet, was würdet ihr vor eine tugendsame Gemeine seyn; aber an den Früchten erkennet man den Baum! Ich sehe nichts anders, als ihr bleibet in der Sünde, und die Sünden, und Untugenden bleiben in euch, ihr bleibet fleischlich gesinnet, in der Feindschaft wider GOtt, bey all dem Brod und Wein.

Wäre mir erlaubt, euch rein, lauter, deutlich und ungeheuchelt, Busse, Bekehrung, und den übrigen Weg zur Seligkeit zu lehren, wie es an sich die lautere Wahrheit ist, und diejenigen, welche sich bekehren, und in einem neuen Leben wandeln, apparte zu nehmen, und wie wir zu einer geistlichen und göttlichen Seelen-Nahrung, alle Tage und

Stunden, das Fleisch und Blut Christi genießen, so könten wir gar wohl auch das leibliche Brod der Gemeinschaft mit einander theilen, so daß nicht einer hungerig, und der andere trunken dazu käme.

Dürfte man diejenigen aus der Gemeine hinaus thun, die böse sind, und ihnen so lang mit guten Lehren und Exempeln vorgehen, bis sie sich bekehren, so könte ich vielleicht noch wohl Priester, Lehrer und Seelsorger hier seyn und bleiben.

Aber weil bey den meisten, Hohen und Niedrigen, Grosen und Kleinen, Jungen und Alten, sogenanten Christen, die äusere Gottlosigkeit überhand genommen hat, so wird mir, mein Amt nach Christi Kirchenordnung zu führen, nicht verstattet, und ich werde wohl bald, ein abgesetzter Priester seyn und heissen, weil ich euch die Wahrheit gesagt! Man thue demnach mit mir, was man will.

Gottlieb sprach: Lieber Bruder! das ist ein aufrichtiges Bekenntniß. Ich wünsche dir Gnade von GOtt darzu, daß dadurch viele mögen überzeugt werden, mein Rath wäre, du gäbest solches als ein allgemeine Bußpredigt jederman in die Hände: Es ist für die Priester und Zuhörer: dann alles

Volk meynet die Priester wären sehr heilige und gerechte Leute; nun aber kan jederman sehen, daß das Christenthum ganz im Verderben ligt, daran die Priester die gröste Schuld haben. GOtt gebe dieses viel Priestern zu erkennen, daß sie den Anfang mit ihnen selbst, zur wahren Busse machen, damit das Volk lebendige Exempel an ihren Predigern haben möge. Die heiligen Apostel konten sagen: Sehet auf uns, wie ihr uns habt zum Fürbilde, Phil. 3, 17. 19. Denn wo sich die Priester nicht zuerst rechtschaffen zu GOtt bekehren, so kan kein wahres Christenthum aufgerichtet werden.

Aaron antwortete: Die Priester werden freylich, von den armen Leuten für sehr heilige Männer angesehen und gehalten; sonderlich wenn sie auf den Kanzeln stehen, und das Volk, wie in den Wald hinein, anschreyen, und um die Sünde so vortreflich, ja mit pharisäischem Ernst zu bestrafen, fechten sie mit den Händen, und schlagen zuweilen auf die Kanzel; aber es rauschet hin, wie über die Bäume im Wald, und wird keiner davon bewegt, es bringet keine Frucht.

Diese Kunst habe ich auch von Grund aus gelernet, ich konte die Sünder hart bestrafen, aber keinen ins besonder, wie Johannes der Täufer den Herodem, wie Christus die Pharisäer, wie S. Paulus den Landpfleger Felix mit seinem Weibe: dann damit ladet man sich Zorn und Ungnade auf den Hals; auch muß man in seinem unbekehrten Zustand gewärtig seyn, man werde wieder bestraft; aber auf der Kanzel hat man Freyheit.

Nach der Predigt bin ich oft bey den Vornehmsten und Reichsten zu Gast gewesen, habe mit ihnen gefressen und geloffen, und kein Wort von meiner Strafpredigt auf sie applicirt, und so bin ich leider! jedermans Freund geblieben.

Gottlieb sprach hierauf: Wenn diese Bußpredigt anderen Religions-verwandten in die Hände bekommen solten, so möchten sie sich wohl darüber kitzeln, und in die Faust Lachen, daß ein Prediger aus der L. Partey, allen andern unbekehrten Priestern zur Schande, solche Busse gethan, und alles offenherzig bekannt?

Aaron antwortete: Ist dann Busse thun, und seine Sünde bekennen, 2c. eine Schande? oder ein Zeichen eines ehrlichen Gemüthes? Doch wanns auch so wäre, so kan es niemand, als die Unbußfertigen beschämen, und warum solten sich andere Partheyen damit kitzeln, und darüber lachen? da die meisten in gleicher Verdammniß sind.

Man wird ohne Zweifel, in allen Religionen, unbekehrte Priester finden! Solte nun aus einer jeden Secte, ein rechter bußfertiger Priester, oder bekehrter Priester auftreten und seine Sünde bekennen, vielleicht würde er so viel, und noch wohl mehr Klagen aufbringen, als ich jezt gethan habe.

So will ich hiermit dem Uebel auch zuvor kommen, und allen unbußfertigen unbekehrten Priestern, in allen Religionen und Secten zurufen: Ein jeder prüfe und untersuche sich selbst vor GOtt: Ob er ein wahrhaftig Bekehrter, wiedergeborner Priester sey, oder nicht? Ob er auch seinem Volk heuchle, oder nicht? Ob er auch ein wahrer oder falscher Lehrer sey, oder nicht?

Nun mein lieber Bruder Gottlieb! dich will ich bitten, daß du dieses mein Glaubens-Bekänntniß, dem Hoch-Edlen Rath, den Bürgern und den Herrn Geistlichen in meinem Namen übergebest, was sie darauf antworten werden, das wollen wir erwarten.

Gottlieb sprach: Ja ich will es thun, auch den Bürgern und Bauren in die Hände bringen: denn also gebühret sichs, daß aufrichtige Leute die Wahrheit auf alle

Weise und Wege befördern helfen, nach der 3 Epistel Johannis vers 8.

Hier hast du, lieber Leser! eine merkwürdige Beschreibung, wie es sich zugetragen, bey einer wahren und rechtschaffenen Bekehrung eines Predigers, welcher sich lieber um der Wahrheit willen hat vertreiben lassen, als daß er wieder sein Gewissen handlen wolte.

Was die Hauptsache angehet, so ist es eine wahre Geschichte; aber nicht wie es von Wort zu Wort lautet; sondern sie ist zum Theil auf eine solche Weise vorgetragen, wie Chtistus eine wesentliche Sache in einem Gleichniß vorstellet, und hernach seinen Jüngern deutlich erkläret hatte, damit sie es fassen konten, und der Sache weiter nachdenken solten.

Es hat zwar die Gnade Gottes schon manchem Prediger, einen Strahl des Lichts ins Herz gegeben, daß er seinen falschen Gottesdienst und Menschen-satzung hat eingesehen; aber wann es auf die Probe kommt, ob er mit seinem Weib und Kindern die faule Tage, die fette Küche, die Ehre der Welt, verleugnen, verlassen und Christo nachfolgen wolle in seiner Armuth und Mangel, und in Verachtung und Schmach von Bücher-Gelehrten, von Pharisäern und den großen der Welt, so wird man wetterwendisch, giebt nach, und denket: Wo nehmen wir Brod her, in der Wüsten?

Da kehren sie GOtt den Rücken, lieben Weib, Kinder und sich selbst mehr, als die Wahrheit Christi, und nehmen auch solche Brandmaale im Gewissen, mit in die Ewigkeit. Und weil sie sich Christo und seiner Worte geschämet und schämen, auch ihr Weib, Kinder, Brüder, Aecker, fette Küche, rc. mehr geliebet und lieben, als Christum, so machen sie sich eben dadurch unwürdig, daß er sie mit seiner Gnade, Kraft und Geist erfülle, von ihren Sünden befreye, reinige und wiedergebäre, damit sie leuchten mögen als Sterne in seines Vaters Reich; sondern sie bleiben irrige Sterne, welchen behalten ist das Dunkele der Finsterniß in Ewigkeit, Judä v. 13.

Weil es aber so gar schwer hergehet, daß sich Prdiger wahrhaftig und rechtschaffen zu GOtt bekehren, so geschieht es wohl eher, daß ein und anderer Laye, der GOtt aufrichtig suchet oder findet und liebet, es nicht mehr mit der babylonischen Verwirrung halten kan, und lässet solche blinde Wegweiser fahren, wie Christus lehret. Matt.14,15.

Ein jeder deute es zu seinem Nutz, und zürne nicht mit dem Schreiber, der es wohlmeynend jederman zur Besserung geschrieben hat.

Valete

C. A. ein Exulant.

Mel. Alle Menschen müssen sterben,

Alle Christen hören gerne,
Von dem Reich der Herrlichkeit,
Dann sie meynen schon von ferne,
Daß es ihnen sey bereit;
Aber wann sie hören sagen,
Daß man Christi Kreuz muß tragen,
Wann man will sein Jünger seyn,
O da stimmen wenig ein!

2.

Lieblich ist es anzuhören,
Ihr beladne kommt zu mir!
Aber das sind harte Lehren,
Gehet ein zur engen Thür:
Hört man Hosianna singen,
Lautets gut; läßts aber klingen,
Kreuz'ge! ists ein andrer Ton,
Und ein jeder lauft davon.

3.

Wann der HErr zu Tische sitzet,
Giebt er da was frölich macht;
Wann er Blut am Oelberg schwitzet,
So ist niemand, der da wacht.
Summa, JEsus wird gepreiset,
Wann er uns mit Troste speiset;
Aber wann er sich versteckt,
Wird man also bald erschreckt.

4.

JEsum nur alleine lieben,
Darum, weil er JEsus ist,
Sich um ihn allein betrüben,
Kanst du dis, mein lieber Christ?

Solt auch JEsus von dir fliehen,
Und dir allen Trost entziehen;
Woltest du doch sagen hier:
Dennoch bleib ich stets an dir?

5.

Ja HErr! nur um deinet willen,
Bist du werth geliebt zu seyn:
Um der Seelen Wunsch zu füllen,
Bist du gütig, heilig, rein:
Wer dein höchst vollkomm'nes Wesen,
Hat zu lieben auserlesen,
Trift in deiner Libe an,
Alles was Vergnügen kan.

6.

Laß mich über alles achten,
Was die Seele an dir findt:
Solte Leib und Seel verschmachten,
Weiß ich doch, daß sie gewinnt:
Dann du bist in allem Leide,
JEsu! lauter Trost und Freude,
Und was ich allhier verlier,
Findt sich besser doch in dir.

7.

Darum soll mich nicht aufhalten,
Freunde, Feinde, eitle Ehr,
Und was macht die Lieb erkalten,
Sey versenket in das Meer.
Heut verbind ich mich aufs Neu,
Dir zu bleiben recht getreu,
JESU! in deinem Namen,
Werd alles ja und AMEN.

CPSIA information can be obtained
at www.ICGtesting.com
Printed in the USA
LVHW110648301122
734242LV00010B/733